BEI GRIN MACHT SICH IHR WISSEN BEZAHLT

AF130138

- Wir veröffentlichen Ihre Hausarbeit, Bachelor- und Masterarbeit

- Ihr eigenes eBook und Buch - weltweit in allen wichtigen Shops

- Verdienen Sie an jedem Verkauf

Jetzt bei www.GRIN.com hochladen und kostenlos publizieren

Bibliografische Information der Deutschen Nationalbibliothek:

Die Deutsche Bibliothek verzeichnet diese Publikation in der Deutschen National-
bibliografie; detaillierte bibliografische Daten sind im Internet über http://dnb.d-
nb.de/ abrufbar.

Dieses Werk sowie alle darin enthaltenen einzelnen Beiträge und Abbildungen
sind urheberrechtlich geschützt. Jede Verwertung, die nicht ausdrücklich vom
Urheberrechtsschutz zugelassen ist, bedarf der vorherigen Zustimmung des Verla-
ges. Das gilt insbesondere für Vervielfältigungen, Bearbeitungen, Übersetzungen,
Mikroverfilmungen, Auswertungen durch Datenbanken und für die Einspeicherung
und Verarbeitung in elektronische Systeme. Alle Rechte, auch die des auszugsweisen
Nachdrucks, der fotomechanischen Wiedergabe (einschließlich Mikrokopie) sowie
der Auswertung durch Datenbanken oder ähnliche Einrichtungen, vorbehalten.

Impressum:

Copyright © 2016 GRIN Verlag
Druck und Bindung: Books on Demand GmbH, Norderstedt Germany
ISBN: 9783668760356

Dieses Buch bei GRIN:

https://www.grin.com/document/434904

Michelle Kristin Riege

Mit dem Wort zur Einheit? Die Sprache im revolutionären Deutschland zwischen 1848 und 1871

GRIN Verlag

GRIN - Your knowledge has value

Der GRIN Verlag publiziert seit 1998 wissenschaftliche Arbeiten von Studenten, Hochschullehrern und anderen Akademikern als eBook und gedrucktes Buch. Die Verlagswebsite www.grin.com ist die ideale Plattform zur Veröffentlichung von Hausarbeiten, Abschlussarbeiten, wissenschaftlichen Aufsätzen, Dissertationen und Fachbüchern.

Besuchen Sie uns im Internet:

http://www.grin.com/

http://www.facebook.com/grincom

http://www.twitter.com/grin_com

Gymnasiale Oberstufe an der Oberschule GSO

Kulturprofil 14A2

Projektarbeit

Mit dem Wort zur Einheit? Die Sprache im revolutionären Deutschland zwischen 1848 und 1871

Michelle Kristin Riege

Fachbereich Deutsch/ Geschichte

Inhaltsverzeichnis

Einleitung

Bei dem Wort Reichseinigung denken die meisten Menschen zuerst an den preußischen Politiker und Staatsmann Otto von Bismarck, der gemeinsam mit Kaiser Wilhelm I den preußischen Staat lenkte und mehrere Einigungskriege führte, die schlussendlich 1871 zur deutschen Reichsgründung führten. Bismarck war ein äußert intelligenter Mann, der wusste, wann er welche Situation wie zu seinem Vorteil nutzen konnte. Während seiner Amtszeit hatte er viele Reden gehalten, in denen er sich zumeist an den Stil des Vormärz gehalten hatte, obwohl dieser zu seiner Amtszeit schon fast 15 Jahre lang vorbei war. Aber hat Bismarck es allein mit seinen Worten geschafft, die Reichsgründung voranzutreiben? Und in wie fern waren seine Aktionen zum Zweck der Reichsgründung geplant gewesen?

In dieser Arbeit werde ich untersuchen, ob es Bismarck tatsächlich durch seine Reden und seine Wortwahl gelungen war, Deutschland zu einigen, oder ob diese eher eine untergeordnete Rolle in diesem Prozess gespielt haben. Dabei gehe ich zu zuallererst näher auf die Sprache des Vormärz ein, wobei ich auch Textbezüge zu literarischen Werken aus dieser Zeit herstellen werde. Anschließend folgt eine Redeanalyse von Bismarcks Blut-und-Eisen-Rede, in der ich die sprachlichen Merkmale des Vormärz aufzeigen werde und mit Textpassagen aus Texten, welche aus der Zeit des Vormärz stammen, vergleichend gegenüberstelle. Zum Schluss werde ich den Weg zur Reichseinigung unter Einbezug meiner Redeanalyse darstellen. Anhand meiner Ergebnisse komme ich dann Abschließend zu einem Fazit, in welchem ich unter Einbezug meiner eigenen Meinung und geschichtlichen Tatsachen die Leitfrage abschließend beantworte.

Die revolutionäre Sprache des Vormärz

Als Epoche des Vormärz bezeichnet man den Zeitraum von 1815 bis 1848 . Er bekam seinen Namen von der Märzrevolution, von 1848. Angetrieben von der Februarrevolution, die 1848 in Frankreich stattgefunden hatte, begann das deutsche Volk sich nun mehr und mehr gegen die Führung des Adels aufzulehnen. Viele Bürger lebten an der Armutsgrenze und mussten Hunger leiden. Nachdem Frankreich es vorgemacht hatte, schwappte der revolutionäre Geist nach Deutschland über. Man forderte verbesserte Lebensbedingungen, wollte sich nicht mehr vom Adel unterdrücken lassen. Das deutsche Volk schloss sich zusammen und verlangte Pressefreiheit, Volksbewaffnung und die Einführung eines Parlamentes, das die Interessen des Volkes vertritt. In den Texten des Vormärz sind ebendiese Merkmale deutlich wiederzuerkennen. Sie rufen meist zu Protesten und dem Kampf gegen das System und die Monarchie auf und verlangen die Abschaffung der Zensur. Von dem Parlament versprachen die Bürger sich politische Mitsprache. Die Unterschiede zwischen Adel und Bürgertum sollten abgeschafft werden - man verlangte nach Gleichberechtigung. Auch dieses Streben nach einer gleichberechtigten Einheit ist in den Texten des Vormärz deutlich wiederzuerkennen.

Ein gutes Beispiel hierfür stellt die Textpassage „Trommle die Leute aus dem Schlaf, trommle Reveille mit Jugendkraft "[1] aus Heinrich Heines Doktrin von 1844 dar. Dass die Leute aus dem Schlaf getrommelt werden sollen, lässt sich metaphorisch dafür verstehen, dass man die Menschen, die zu der Zeit des Biedermeiers verfallen waren und sich in eine Art politischen Dämmerschlaf begeben hatten, wieder aktiv werden sollen. Sie haben sich in ihrem Heim völlig von der Außenwelt und dem politischen Geschehen abgesondert, was daher rührte, dass es den Leuten strikt per Gesetz verboten war, sich negativ über das System zu äußern und die Menschen der permanenten Überwachung ausgesetzt waren. Heine ruft in dieser Zeile dazu auf, dass die Menschen wieder aktiv werden und dem Biedermeier entfliehen. Die

---

1   Vaßen, Florian: Die deutsche Literatur in Text und Darstellung Band 10: Vormärz, Seite 138

Aufforderung ,,trommle Reveille mit Jugendkraft " unterstützt diesen Appell, da man als Reveille den Trommelschlag zum Wecken verstand.

Derartige revolutionäre Aufforderungen finden sich auch in Heines ,,Die Tendenz " von 1842. ,,Was die Glocke hat geschlagen, sollst du deinem Volke sagen, rede Dolche, rede Schwerter! "[2] Hiermit ruft Heine die Menschen dazu auf, sich untereinander zu verständigen und sich auszudrücken. Sie sollen die Fehler des Systems deutlich aufzeigen und sich dagegen auflehnen, zur Not auch mit Gewalt. Mit der Passage ,,Sei des Vaterlands Posaune, sei Kanone, sei Kartaune, blase, schmettre, donnre, töte! "[3] unterstreicht Heine diesen Appell nochmals und ruft nochmals zur Gewalt und dem Starten einer Revolution auf.

Auch in ,,Die schlesischen Weber ", in welchen Text Heine den sozialen Missstand der Weber zum Ausdruck bringt, die zur damaligen Zeit bis zur Erschöpfung arbeiten mussten und dennoch kaum genug Geld zum Überleben hatten, prangert der Autor das Elend des Volkes und das Nichtstun des Adels, sowie die Art und Weise wie die Monarchie dieses Elend sogar noch fördert an. ,,Ein Fluch dem König, dem König der Reichen, den unser Elend nicht konnte erweichen, der den letzten Groschen von uns erpreßt [Sic!] und uns wie Hunde erschießen lässt (...) "[4] Soziale Missstände aufzuzeigen und sich gegen das System aufzulehnen beabsichtigten die Autoren des Vormärz in ihren Texten, sowie in diesem Beispiel, stets.

Das revolutionäre Potential, welches sich durch diese schlechten Umstände aufgeladen hatte, macht Georg Herwegh 1841 in seinem ,,Aufruf " deutlich und appelliert an das deutsche Volk ,,Reißt die Kreuze aus der Erden! Alle sollen Schwerter werden (···) Vor der Freiheit ist kein Frieden (···) Auch das Schwert hat

---

2 Ebenda, Seite 139

3 Vaßen, Florian: Die deutsche Literatur in Text und Darstellung Band 10: Vormärz, Seite 139

4 Ebenda, Seite 140

seine Priester, und wir wollen Priester sein! "[5] es soll in die Offensive gehen, soll die Revolution vorantreiben, denn ohne Kampf werden die Deutschen ihre Freiheit nicht erlangen. Mit der Freiheit sind unter anderem die Pressefreiheit und die Freiheit der Menschen an sich mit ihren Meinungen und die politische Mitsprache des Volkes gemeint.

Der Wunsch nach Freiheit und Mitsprache und die Aufforderung zur Revolution ist in allen diesen Texten zu erkennen, wie es im Vormärz üblich war. Allerdings hat sich nicht nur die Thematik der Texte im Vormärz geändert, sondern auch ihre Sprache und Struktur. So ist die Sprache des Vormärz, verglichen mit älteren Texten, viel weniger förmlich. Sie ist direkter und aggressiver und zu Teilen auch ein wenig einfacher. Auch fanden Dialekte in Texten immer mehr ihren Platz. Die Struktur der Dramen hat sich verändert.[6]

Vergleicht man ein Drama des Vormärz mit einem klassischen Drama, so fällt auf, dass Dramen im Vormärz von der Struktur her zunehmend aufgebrochen wurden.

5 Ebenda, Seite 154

6 http://wortwuchs.net/literaturepochen/vormaerz/, eingesehen am 29.12.2015 um 19:34 Uhr

Merkmale der revolutionären Sprache in Bismarcks „Blut-und-Eisen "-Rede

Schaut man sich nun Bismarcks Reden an, fällt auf, dass auch er sich mit Vorliebe der revolutionären Sprache des Vormärz bedient hat, und das, obwohl die Epoche Vormärz um 1848, also noch lange vor seiner Zeit, endete. Ein gutes Beispiel dafür stellt unter anderem Bismarcks „Blut-und-Eisen "-Rede dar, die wohl mit seine bekannteste ist. Bismarck war überzeugt davon, dass ein Kampf mit Österreich um die Vorherrschaft in Mitteleuropa unumgänglich sei, ebenso wie um die nationalpolitische Operation zwischen „großdeutscher " und „kleindeutscher " Lösung. [7] Aus diesem Grund strebte Bismarck die Heeresreform an, die bei der deutschen Bevölkerung jedoch zunächst unerwünscht war. Zu seiner Rede zeigte er daher, um den Heereskonflikt zu entschärfen, einen in Avignon gepflückten Olivenzweig als Friedenszeichen. In seiner Rede jedoch legte er dann seine zukünftigen Ziele und Methoden offen dar, insbesondere mit seinem Verweis auf „Eisen und Blut ", was beim Volk heftige Reaktionen auslöste.[8]

Zum Heereskonflikt und der damaligen politischen Lage, so wie sie von der Presse dargestellt wurde, äußerte sich Bismarck in seiner Rede dann wie folgt: „Die Krisis, so ernst sie werden könne, werde doch zu tragisch dargestellt, als wenn nun alles vorbei sei; aber die Regierung suche keinen Kampf "[9]. Er schwächt die Situation ab, behauptet, die Presse würde die Lage überdramatisieren und vor allem versucht er, das Volk, dass sich gegen die Heeresreform auflehnt und keinen Krieg wünscht, damit zu beschwichtigen, dass er ihnen sagt, dass sie Regierung keinen Kampf suche. Nur bleibt die Frage, wozu dann eine Heeresreform nötig sei. Die Antwort

---

7   Hartwig, Wolfgang und Hinze, Helmut: Deutsche Geschichte in Quellen und Darstellung, Band 7: Vom Deutschen Bund zum Kaiserreich 2815-2871, Seite 409

8   Ebenda, Seite 409

9   Ebenda, Seite 410

deutet Bismarck schon wenige Passagen später in seiner Rede an. „Wir haben zu heißes Blut, wir haben die Vorliebe, eine zu große Rüstung für unsern schmalen Leib zu tragen; nur sollen wir sie auch utilisieren. "[10] Bismarck behauptet, dass die Preußen zu temperamentvoll sind und die Gewohnheit haben, sich schwere Rüstungen - und damit sind nicht nur Rüstungen, sondern auch Waffen gemeint - zuzulegen und zu tragen, jedoch, so ruft Bismarck auf, müssen diese auch genutzt werden. In dieser Aussage lässt sich der Charakter der revolutionären Sprache des Vormärz ganz klar erkennen. Es ist eine Art der Sprache, die stets predigt zu kämpfen und tätig zu werden, die treibt und das Volk bewegen soll, sich für das angestrebte zu erheben, wie es zum Beispiel auch in Georg Herweghs „Aufruf " in Zeile 1-2 „Reißt die Kreuze aus der Erden! Alle sollen Schwerter werden "[11], der Fall ist. Auch die Art, wie er sich ausgedrückt hat, war in diesem Falle wohl beabsichtigt, denn anstatt zu sagen, dass wir unsere Rüstungen „nutzen " müssen, verwendete er das Fremdwort „utilisieren ", welches viele Bürger vielleicht gar nicht kannten und somit nicht verstanden. Dadurch klang der Aufruf, von seinen Rüstungen und Waffen Gebrauch zu machen, für das pazifistische Volk direkt viel freundlicher. Wofür die Heeresreform jedoch tatsächlich gebraucht wird, sollte mit dieser Aussage bereits klar sein.

„Preußen muss seine Kraft zusammenfassen und zusammenhalten "[12], ruft Bismarck daraufhin auf. Gemeint ist ‚dass Preußen seine militärische Macht vergrößern und im kommenden Krieg zusammenhalten muss, denn für Bismarck stand bereits fest, dass es zu einer Auseinandersetzung mit Österreich kommen muss. All diese Botschaften verpackte Bismarck vorsätzlich so, dass er stets um die Kernbotschaft drumherum redete und dem Volk nicht gleich direkt seine wahren

---

10 Hartwig, Wolfgang und Hinze, Helmut: Deutsche Geschichte in Quellen und Darstellung, Band 7: Vom Deutschen Bund zum Kaiserreich 2815-2871, Seite 411

11 Vaßen, Florian: Die deutsche Literatur in Text und Darstellung Band 10: Vormärz, Seite 154

12 Hartwig, Wolfgang und Hinze, Helmut: Deutsche Geschichte in Quellen und Darstellung, Band 7: Vom Deutschen Bund zum Kaiserreich 2815-2871, Seite 411

Intentionen offenbarte, um keine Unruhen zu provozieren. Mit seiner letzten Äußerung jedoch, löste er heftige Reaktionen aus, da die kriegstreiberischen Absichten Bismarcks hier sehr konkret zum Vorschein kamen. Mit dem berühmten Satz „nicht durch Reden und Majoritätsbeschlüsse werden die großen Fragen der Zeit entschieden – das ist der große Fehler von 1848 und 1849 gewesen – sondern durch Eisen und Blut. "[13], bringt er seine Intention, Krieg zu führen, um seine Ziele zu erreichen, ganz klar auf den Punkt. Auch drückt er aus, dass die Revolution von 1848 niedergeschlagen hätte werden müssen und dass es ein Fehler war, auf die Forderungen des Volkes einzugehen, denn so kann seiner Meinung nach keine Politik gemacht werden.

Selbstverständlich war das deutsche Volk über die Äußerungen Bismarcks aufgebracht, da spätestens bei diesen Worten wohl jeder verstanden hat, was Bismarcks Ziele sind. Ganz klar erkennen lässt sich auch hier wieder der sprachliche Charakter des Vormärz. Bismarck erklärt seine Ziele metaphorisch in einer treibenden Sprache, die dazu aufruft, Krieg zu führen und Gewalt anzuwenden. Vergleichen lässt sich diese Aussage sowohl mit einem Zitat von Georg Büchner aus einem Brief an seine Familie vom 5. April 1833 „Wenn in unserer Zeit etwas helfen soll, so ist es Gewalt. "[14], als auch mit einer Passage aus Georg Herweghs „Aufruf " von 1841 „Vor der Freiheit sei kein Frieden "[15]. Denn beide Zitate predigen, ebenso wie Bismarcks Aussage, den Weg der Gewalt und des Krieges, um das angestrebte Ziel zu erreichen. Sieht man sich diese Beispiele an, fällt also auf, dass Bismarck sich tatsächlich an einigen Stellen mit Vorliebe der revolutionären Sprache des Vormärz bediente, um seine Vorhaben auszudrücken, obgleich die Epoche zu der Zeit schon vor fast 15 Jahren vorüber war.

---

13 Hartwig, Wolfgang und Hinze, Helmut: Deutsche Geschichte in Quellen und Darstellung, Band 7: Vom Deutschen Bund zum Kaiserreich 2815-2871, Seite 412

14 Vaßen, Florian: Die deutsche Literatur in Text und Darstellung Band 10: Vormärz, Seite 41

15 Ebenda, Seite 155

Mittels der Einigungskriege zum Deutschen Reich

Das deutsche Volk hat schon lange eine Einigung aller deutscher Staaten gefordert. In seiner Rede macht Bismarck deutlich, dass Kriege unausweichlich sind. Das deutsche Volk wünschte allerdings eine friedliche Einigung, in der Hoffnung auf politische Mitbestimmung und verbesserte Arbeitsbedingungen. Da das Parlament der von Bismarck angestrebten Heeresreform aus diesem Grund nicht zustimmte, fand Bismarck einen Weg, das Gesetz zu umgehen – die „Lückentheorie ". Laut der Verfassung konnte ein Gesetz nur dann verabschiedet werden, wenn die Krone und beide Kammern des Parlamentes darüber miteinander übereinstimmten.[16] Da dies allerdings nicht der Fall war, stellte Bismarck die „Lückentheorie " auf. Da die Verfassung keine Regelung für den Fall vorschreibe, dass sich König und Parlament nicht einigen können, so behauptete Bismarck, müsse er als Vertreter der Krone dennoch handeln, da das Staatsleben nicht zum Stillstand kommen darf. In solch einem Falle sei das Recht mit dem, der die größere Macht inne hat, also dem König. Somit führte Bismarck die Heeresreform mit von ihm eigens beschaffenen Kapital und ohne Einwilligung des Parlamentes durch. Nun brauchte Bismarck allerdings eine Rechtfertigung für die Reform, die er 1864 mit dem Deutsch-Dänischen Krieg auch erhalten sollte. Der Auslöser war eine Art Thronfolgestreit, als das letzte Familienmitglied der Adelsfamilie, die bis 1863 über Schleswig, Holstein und Lauenburg geherrscht hat, verstorben ist und es niemanden mehr gab, der die Nachfolge hatte antreten können, wollte das dänische Königshaus die beiden Herzogtümer wieder für sich beanspruchen. Da allerdings eine deutsche Minderheit in diesen Teilen Dänemarks lebte, hatten die deutschen ihrer Meinung nach auch Anspruch auf das Land und fühlten sich übergangen.

Da man sich nicht rechtzeitig einigen konnte, wurde dieser Streit zum Kriegsauslöser. Preußen verbündete sich mit Österreich und zog gegen Dänemark in den Krieg. Dieser dauerte vom 1. Februar bis zum 30. Oktober 1864. Nach mehreren

---

16 Nutzinger, Wilhelm: Abitur-Wissen Geschichte – Die Ära Bismarck, Seite 19

Schlachten kapitulierten die dänischen Truppen, als Preußen und Österreich bis Jütland vorgedrungen waren. [17] Nach dem Friedensbeschluss in Wien muss Dänemark Gebiete abtreten. Preußen gewann Schleswig und Lauenburg, und Holstein ging an die Österreicher über. Die deutschen waren daraufhin guter Laune und die Heeresreform war nun endlich gerechtfertigt. Doch der nächste Krieg ließ nicht lange auf sich warten. Um nach Schleswig zu kommen, musste man das österreichische Gebiet Holstein durchqueren, was zu Auseinandersetzungen zwischen Österreich und Preußen führte. Diese Differenzen um die Verwaltung der Herzogtümer Schleswig und Holstein wurden zum Auslöser für den Deutsch-Österreichischen Krieg um 1866. Österreich hatte sich in diesem Krieg mit mehreren deutschen Staaten – darunter auch Bayern, Kurhessen, Banden und Württemberg – verbündet, um gegen Preußen zu kämpfen, das sich wiederum die Unterstützung Italiens gesichert hat. Die deutschen Staaten, die auf Österreichs Seite kämpften, mussten bald kapitulierten, jedoch gelang es Österreich Italien am 24 Juni bei Custoza zu schlagen. Die Preußen waren den Österreichern trotz allem überlegen. Die Entscheidung fiel in der Schlacht bei Königgrätz am 03. Juli 1866, als Preußen die Österreicher endgültig besiegte. [18] Bis auf ein paar Gebiete, die Österreich an Italien abtreten musste und Holstein, das nun auch an Preußen ging, hatte Preußen – unter Anleitung Bismarcks – Österreich weitgehend verschont, in der Hoffnung es später noch einmal als Bündnispartner für sich gewinnen zu können.

Der letzte der drei Einigungskriege war der Deutsch-Französische Krieg um 1870/71. Der Auslöser des Krieges war ein Thronfolgestreit zwischen Preußen und Frankreich. Nachdem das spanische Königshaus nach einem Thronfolger suchte und Prinz Leopold von Hohenzollern-Sigmaringen als Nachfolger zur Diskussion stand, fühlte sich Frankreich von den Deutschen bedroht, da es in diesem Fall von beiden Seiten

---

17 http://www.ndr.de/kultur/geschichte/chronologie/deutschdaenischerkrieg100_page-2.html, eingesehen am 03.03.2016 um 11:05 Uhr

18 http://www.geschichte-lexikon.de/deutscher-krieg-1866.php, eingesehen am 03.03.2016 um 11:30 Uhr

von Deutschland eingekesselt worden wäre, was daran liegt, dass Frankreich genau zwischen Deutschland und Spanien liegt. Einen Deutschen Thronfolger in Spanien wollten sie daher nicht dulden. Aus Angst genügte es ihnen auch nicht, als Prinz Leopold[19] am 12. Juli 1870 auf den Thron verzichtete. So verfasste der französische Botschafter am Tag darauf ein Schreiben, in dem er Wilhelm I aufforderte, dass er auch zukünftig allen preußische Prinzen verbieten solle, Spaniens Thronfolger zu werden. Wilhelm I reagierte darauf mit Ablehnung, denn er fühlte sich von den Franzosen bevormundet. Er wollte sich als König Preußens von den Franzosen nichts vorschreiben lassen und äußerte dies in einem Schreiben, das er in Bad Ems verfasste, wo er sich gerade aufhielt. Bismarck kürzte dieses Schreiben ohne das Wissen des Königs so, dass es noch viel aggressiver und härter klang. Diese sogenannte „Emser Depesche " wurde in Form eines Telegramms weitergeben und wurde so zum Auslöser des Krieges, den die Franzosen, die sich durch das Schreiben mehr als beleidigt fühlten, den Preußen am 19. Juli 1870 erklärten. Selbstverständlich war das Auslösen dieses Krieges derzeit Bismarcks volle Absicht gewesen. Frankreich hatte Preußen zu schwach eingeschätzt und erlebte dadurch recht schnelle Niederlagen der Französischen Armee in Gravelotte, Vionville, Wörth und Weißenburg.[20] Die entscheidende Niederlage jedoch fand am 2. September 1870 in Sedan statt. Am Tag darauf nahmen die Preußen Napoleon III gefangen, der bis zu diesem Tag als Kaiser über Frankreich geherrscht hatte und nun Kapitulierte. Allerdings kapitulierte er nur für sich allein und nicht für Frankreich, wodurch sich das Land ohne einen Herrscher noch weiterhin im Kriegszustand befand. Daraufhin kam es zu eine Revolution in Paris und die Republik wurde ausgerufen. Am 19. September belagerte die preußische Armee dann die Hauptstadt Paris und beschoss diese, um die Franzosen zur Kapitulation zu zwingen. Diese jedoch waren zu stolz um aufzugeben und kämpften noch immer weiter. Am 18. Januar 1871 wurde Wilhelm I dann im Spiegelsaal von Versailles zum Kaiser[21] gekrönt, um die

---

19 https://de.wikipedia.org/wiki/Emser_Depesche, eingesehen am 03.03.2016 um 11:43

20 http://www.abipur.de/referate/stat/664087348.html, eingesehen am 03.03.2016, um 20:46

21 Ebenda, eingesehen am 03.03.2016, um 20:46

Franzosen noch weiter zu demütigen. Das deutsche Volk war froh, Wilhelm I endlich zum Deutschen Kaiser zu haben, da das Parlament König Wilhelm I schon 1849 die Kaiserehre angeboten hatte. Dieser jedoch wollte die Krone nicht annehmen, da Kaiser normalerweise „von Gott " bestimmt werden und nicht vom einfachen Volk.

Bei der Krönung selbst bestand Wilhelm I auf den Titel „Kaiser von Deutschland ", wovon Bismarck ihm aber abriet, da die Fürsten diesen Titel missverstehen könnten. Um alle Adligen Herrscher der einzelnen Bundesländer überhaupt dazu zu bekommen, der Kaiserproklamation zuzustimmen und eine Einheit zu akzeptieren musste Bismarck den Fürsten viele Zugeständnisse machen, da einen Kaiser über sich zu haben für die Fürsten einen enormen Machtverlust bedeutete. Auch wurden durch die Einheit Währungen und Maßeinheiten zu viel vieles andere genormt, worüber die Adeligen zuvor für ihr Land selbst hatten bestimmen können. So überzeugte Bismarck die Fürsten z.B. damit, dass sie weiterhin ihren Kopf auf ihre Briefmarken drucken lassen konnten und dem König von Bayern lies Bismarck eine große Menge an Geld zukommen, mit welchem er sich große Märchenschlösser baute. Nun war Bismarck besorgt, dass der Titel „Kaiser von Deutschland " in den Ohren der Adligen so klänge, dass sie so gut wie keine Macht mehr haben würden und Wilhelm I alleine über Deutschland herrscht. Daher versuchte Bismarck den König von dem Titel „Deutscher Kaiser " zu überzeugen. Wilhelm aber blieb stur, denn er wollte nur als „Kaiser von Deutschland " ausgerufen werden, oder gar nicht. Letzten Endes widersetzte sich Bismarck dem und Kaiser Wilhelm I wurde doch nur als deutscher Kaiser ausgerufen, woraufhin der Kaiser so wütend war, dass er Bismarck an dem Tag nicht mehr die Hand schüttelte und nicht mehr mit ihm redete. Letzten Endes war das Deutsche Reich dann aber gegründet und Frankreich kapitulierte am 28. Januar 1871 in Paris. Am 10. Mai wurde dann schließlich der Friedensvertrag unterzeichnet.[22]

---

22 http://www.abipur.de/referate/stat/664087348.html, eingesehen am 03.03.2016, um 20:46

Fazit

Auf die Ausgangsfrage, ob nun die Deutsche Einheit durch Bismarcks Reden erreicht wurde, kann ich, so denke ich, mit einem klaren „Nein. " antworten. Denn wenn man sich vor Augen führt, wie das Deutsche Reich gegründet wurde – und zwar mittels der von mir aufgeführten Einigungskriege – lässt sich wohl sagen, dass nicht Bismarcks Reden, sondern seine Taten entscheidend waren, um die Deutsche Einheit herbeizuführen. Bismarck war ein Mann der Tat, das hat er schon in seiner „Blut-und-Eisen "-Rede mit den Worten „nicht durch Reden und Majoritätsbeschlüsse werden die großen Fragen der Zeit entschieden – das ist der große Fehler von 1848 und 1849 gewesen – sondern durch Eisen und Blut. "[23] klargestellt. Er sagt dabei selbst, dass sich „die großen Fragen der Zeit " - also in diesem Falle die Reichseinigung „nicht durch Reden " entscheiden lassen, „sondern durch Eisen und Blut " - oder im Kontext eben durch Taten. Und diese Taten waren die drei Kriege, die Preußen führen musste, bevor es zur Reichsgründung kam. Außerdem muss man auch beachten, dass das Volk ursprünglich gar keine Kriege wünschte und – wie ich bereits in meiner Redeanalyse angeschnitten hatte – äußerst heftig auf Bismarcks Äußerungen reagierte. Aufgrund seiner Denkweise war er besonders zu Anfang seiner Karriere als Reichskanzler nicht sonderlich beliebt. Wenn es also nur bei seinen Reden geblieben wäre, wäre es zur Einigung vermutlich so nicht gekommen. Wenn, dann hätten die Arbeiter durch eine Revolution die Reichsgründung herbeigeführt – aber nicht, weil Bismarck sie in seinen Reden dazu inspirierte, sondern weil das Volk sich die Einigung schon lange wünschte.

Bismarck hingegen hatte sich nie sonderlich für Deutschland interessiert. Ihn interessierte lediglich die Vormachtstellung seines geliebten Preußens, weshalb in seiner Rede auch nur von „Preußen " und nicht von „Deutschland " die Rede ist, wie z.B. in dem Zitat „ Preußen muss seine Kraft zusammenfassen und

---

23 Hartwig, Wolfgang und Hinze, Helmut: Deutsche Geschichte in Quellen und Darstellung, Band 7: Vom Deutschen Bund zum Kaiserreich 2815-2871, Seite 412

zusammenhalten " [24] Außerdem hatte Bismarck mit seinen Kriegen die Reichseinigung ursprünglich gar nicht im Sinn gehabt. Es ist nämlich keines Falls so zu verstehen, als wenn all das Geschehene von Anfang bis Ende durchweg von Bismarck geplant war. Der Deutsch-Dänische Krieg war anfangs nämlich eigentlich nicht mehr als ein Mittel zum Zweck, um die Heeresreform, die Bismarck für ein mächtigeres Preußen durchgeführt hatte, zu rechtfertigen. Der Deutsch-Österreichische Krieg war nichts weiter als eine Folge der Differenzen zwischen Preußen und Österreich, was die Verwaltung der neu gewonnen Gebiete Schleswig und Holstein anging. Natürlich kam diese „Auseinandersetzung " Bismarck gerade recht, da er sich auf diese Weise das von Österreich verwaltete Holstein für Preußen zurückholen konnte. So hatte Preußen nämlich noch mehr Macht und konnte Schleswig ohne Probleme durch Holstein erreichen. Wenn dieser Konflikt aber eines nicht war, dann wohl ein Mittel zur Reichseinigung. Der einzige Effekt war nur, dass Bismarck für seine Siege mit der preußischen Armee und der Adaption Schleswig-Holsteins an Preußen mit der Zeit mehr Zuspruch bekam und das Volk immer nationalistischer eingestellt war, wodurch sie die Einigung noch verstärkter forderten. Der gewonnene Krieg gegen Frankreich förderte diesen Nationalismus noch weiter und Bismarck hat die Chance zur Einigung Deutschlands einfach genutzt, weil sie gerade am günstigsten war. Letzten Endes lässt sich sagen, dass die Reichseinigung wohl nur aus einer Reihe von Kriegen resultiert, die durch eine Verkettung von Umständen entstanden sind und nicht durch Bismarcks Reden. Was die revolutionäre Sprache in seinen Reden anbelangt, so denke ich, dass er diese so gern genutzt hat, weil sie in ihrem Charakter sehr treibend und aggressiv ist, so, wie Bismarck von seinem Charakter her eben auch treibend und aggressiv war. Wahrscheinlich wollte er die Leute mit dieser Art dazu bewegen, den Weg zu gehen, den er sich für Preußen ausgedacht hatte, aber Schlussendlich kommt es doch immer wieder auf das selbe hinaus – das, was für die Geschehnisse ausschlaggebend war, waren Taten und nicht Worte, denn Schlachten werden in der Regel auch mit Taten und weniger mit Worten geführt. Aus

---

24 Ebenda, Seite 411

15

diesem Grund bin ich im Zuge dieser Arbeit zu dem Schluss gekommen, dass das, was die deutsche Reichsgründung herbeigeführt hat, die Kriege waren und das, was Bismarck dafür tat und nicht das, was er sagte.

Literaturverzeichnis

Literatur

- Hartwig, Wolfgang und Hinze, Helmut: Deutsche Geschichte in Quellen und Darstellung, Band 7: Vom Deutschen Bund zum Kaiserreich 2815-2871, Stuttgart, 2013

- Nutzinger, Wilhelm: Abitur-Wissen Geschichte – Die Ära Bismarck, o.O, 2012

- Vaßen, Florian: Die deutsche Literatur in Text und Darstellung Band 10: Vormärz, Stuttgart, 2012

Internetquellen

- http://wortwuchs.net/literaturepochen/vormaerz/, eingesehen am 29.12.2015 um 19:34 Uhr

- http://www.abipur.de/referate/stat/664087348.html, eingesehen am 03.03.2016, um 20:46

- https://de.wikipedia.org/wiki/Emser_Depesche, eingesehen am 03.03.2016 um 11:43

- http://www.geschichte-lexikon.de/deutscher-krieg-1866.php, eingesehen am 03.03.2016 um 11:30 Uhr

- http://www.ndr.de/kultur/geschichte/chronologie/deutschdaenischerkrieg100_page-2.html, eingesehen am 03.03.2016 um 11:05 Uhr